ANGELIKA ILIES

WAFFELN

FOTOGRAFIE: JUNI, SILVIO KNEZEVIC

INHALT

Öffnen Sie die Klappen dieses Buches.
Dort finden Sie die wichtigsten Infos zum Thema auf einen Blick!

DAS PRINZIP:
WAFFELN
BACKEN

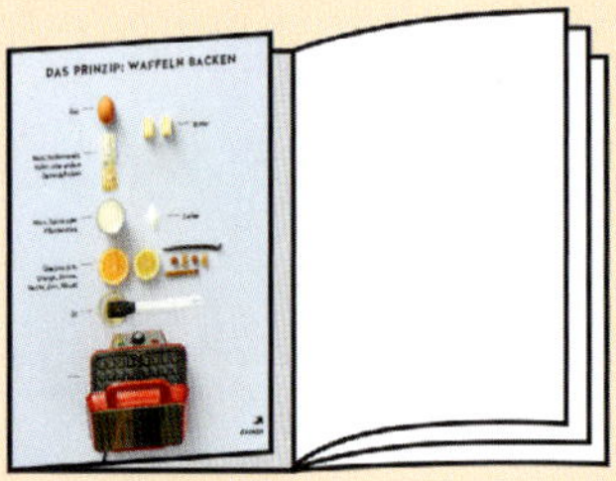

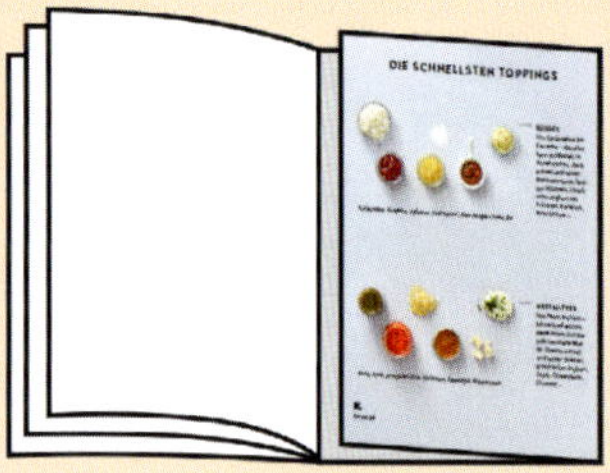

DIE SCHNELLSTEN
TOPPINGS

Immer griffbereit:

SO GEHT'S:
WAFFELN
BACKEN

Immer griffbereit:

WAS TUN,
WENN ...

GU
CLOU

Wussten Sie schon, dass ...?
Entdecken Sie bei einigen ausgewählten Rezepten ganz besondere Tipps mit verblüffendem Insiderwissen.
Aha-Momente garantiert!

Die Backzeiten können je nach Herd variieren. Unsere Temperaturangaben beziehen sich auf das Backen im Elektroherd mit Ober- und Unterhitze.

Sammeln Ihrer Lieblingsrezepte mit der »GU Kochen Plus«-App (siehe S. 64)

REZEPTKAPITEL

ANGELIKA ILIES

Wenn uns der feine warme Duft einer frisch gebackenen Waffel in die Nase steigt – wer könnte da widerstehen? Auch unsere Autorin ist davon fasziniert und genießt es, das traditionelle Gebäck immer wieder neu abzuwandeln und mit verschiedenen Teigmischungen und Toppings auszuprobieren. Ins Buch haben es dann natürlich nur die allerbesten Rezeptideen geschafft …

Gibt es eine persönliche Waffel-Historie?

Bei meiner Oma gab es immer etwas Süßes, wenn wir sie besucht haben. Meist stand zumindest ein Rührkuchen in einer großen Box bereit. War dies nicht der Fall, wurde einfach das Waffeleisen aus dem Schrank geholt und wir rührten gemeinsam den Teig an, während Wasser durch den Kaffeefilter lief, Milch für unseren Kakao zum Kochen gebracht wurde. Natürlich gab es stets Streit zwischen uns Kindern, wer die erste Waffel frisch aus dem Eisen auf den Teller bekam.

Warum liebe ich Waffeln?

Sie sind ruckzuck fertig und deshalb perfekt für mich. Ich stehe zwar wegen meines Berufes gern und viel in der Küche, experimentiere und probiere mit Vorliebe neue Kombinationen. Dabei liebe ich aber all die Rezepte ganz besonders, die ich unkompliziert, ohne großen Aufwand und somit relativ schnell auf den Tisch bringen kann. Geeignet für jedermanns Alltag eben.

Lieber Waffeln als Kuchen?

Ganz selten mal haben wir auch Kuchen zu Hause, und große Torten sind ohnehin gar nicht mein Ding. Wenn aber am Sonntagnachmittag überraschend der Ruf nach etwas Süßem laut wird, nehme ich das Waffeleisen heraus, rühre blitzschnell einen Teig an – und alle freuen sich über den köstlichen Duft, der sich umgehend im ganzen Haus verbreitet.

SCHÖN EINFACH: SAHNEWAFFELN

80 g weiche Butter

cremig schlagen

erst 2 Eier (M)

und 80 g Hagelzucker,

dann 170 g Mehl

und 250 g Sahne unterrühren.

Das Waffeleisen ggf. fetten und auf mittlerer Stufe aufheizen. Für jede Waffel 3–4 EL des Teiges auf das Eisen geben, das Waffeleisen schließen und die Waffel in 3–4 Min. goldbraun backen.

SCHNELL UND SÜSS

Für 4 Personen • 25 Min. Zubereitung • Pro Portion ca. 405 kcal, 10 g E, 27 g F, 32 g KH

HONIGWAFFELN

FÜR KINDER

80 g weiche Butter
2 Eier (M)
60 g flüssiger Waldhonig
100 g Weizenmehl Type 1 050
1 TL Backpulver
½ TL Lebkuchengewürz
40 g gehackte Mandeln
100 ml Milch (1,5 % Fett)
evtl. Butter für das Waffeleisen
Puderzucker zum Bestäuben

1 Die Butter mit den Eiern und dem Honig mit den Rührbesen des Handrührgeräts cremig schlagen. Das Mehl mit dem Backpulver, dem Lebkuchengewürz und den gehackten Mandeln mischen, zusammen mit der Milch zur Eiercreme geben und alles zu einem glatten Teig verrühren.

2 Ein Waffeleisen eventuell fetten, dann auf mittlerer Stufe aufheizen. Ein Viertel des Teiges in die Mitte des Waffeleisens geben und etwas verstreichen. Das Waffeleisen schließen und den Teig in ca. 2 ½ Min. zu einer goldbraunen Waffel backen.

3 Die fertige Waffel mit einer Zange oder Gabel aus dem Waffeleisen heben und auf ein Kuchengitter setzen. Aus dem restlichen Teig drei weitere Waffeln backen. Die Waffeln mit Puderzucker bestäuben und lauwarm servieren.

Für 4 Personen • 30 Min. Zubereitung • Pro Portion ca. 410 kcal, 9 g E, 28 g F, 32 g KH

APFEL-INGWER-WAFFELN

EINFACH

60 g weiche Butter
2 EL Zucker
1 TL gemahlener Ingwer
2 Eier (M)
100 g Mehl
30 g Sonnenblumenkerne
100 g Sahne
1 säuerlicher Apfel (z. B. Cox Orange)
evtl. Butter für das Waffeleisen

1 Die Butter mit Zucker und Ingwerpulver mit den Rührbesen des Handrührgeräts cremig schlagen. Die Eier einzeln zugeben und jeweils gut verrühren, sodass eine schöne Schaummasse entsteht. Das Mehl mit den Sonnenblumenkernen und der Sahne unter den Teig rühren. Den Apfel waschen und trocken reiben, vierteln, das Kerngehäuse entfernen, das Fruchtfleisch grob raspeln und sofort unter den Teig mischen.

2 Ein Waffeleisen eventuell fetten, dann auf mittlerer Stufe aufheizen. Ein Viertel des Teiges in die Mitte des Waffeleisens geben und etwas verstreichen. Das Waffeleisen schließen und den Teig in ca. 3 Min. zu einer goldbraunen Waffel backen. Die fertige Waffel mit einer Zange oder Gabel aus dem Waffeleisen heben und auf ein Kuchengitter setzen. Aus dem restlichen Teig drei weitere Waffeln backen. Möglichst sofort servieren.

Für 4 Personen • 40 Min. Zubereitung • Pro Portion ca. 315 kcal, 7 g E, 19 g F, 28 g KH

ORANGEN-SAHNE-WAFFELN

GÜNSTIG

30 g Butter
2 Eier (M)
1 Prise Salz
40 g Puderzucker
2 TL fein abgeriebene Bio-Orangenschale
125 g Sahne
90 g Mehl
1 TL Backpulver
evtl. Butter für das Waffeleisen
Puderzucker zum Bestäuben

GUT ZU WISSEN
Die Waffeln geraten im Brüsseler Eisen besonders luftig und dick. Sie können aber auch ein Herz-Waffeleisen nehmen, darin werden die Waffeln etwas dünner und knuspriger, sie sind in knapp 4 Min. fertig – und es entstehen 5 Waffeln.

1 Die Butter schmelzen und wieder etwas abkühlen lassen. Die Eier trennen. Das Eiweiß mit dem Salz in einen Rührbecher geben und mit den Rührbesen des Handrührgeräts zu steifem Schnee schlagen. Dabei müssen Rührbesen und Schüssel komplett fettfrei sein, sonst wird das Eiweiß nicht fest.

2 Die Eigelbe in eine zweite Rührschüssel geben, darin mit dem Puderzucker, der zerlassenen Butter und drei Viertel der Orangenschale cremig schlagen. Die Sahne dazugeben, das Mehl mit dem Backpulver mischen und ebenfalls dazugeben, alles gleichmäßig verrühren. Den Eischnee obenauf setzen und behutsam unter den Teig heben.

3 Ein Brüsseler Waffeleisen eventuell fetten, dann auf mittlerer bis hoher Stufe aufheizen. Ein Viertel des Teiges in die Mitte des Waffeleisens geben und etwas verstreichen. Das Waffeleisen schließen und den Teig in 4–5 Min. zu einer goldbraunen Waffel backen.

4 Die fertige Waffel mit einer Zange oder Gabel aus dem Waffeleisen heben und auf ein Kuchengitter setzen. Aus dem restlichen Teig drei weitere Waffeln backen. Zum Auskühlen nebeneinander auf das Gitter legen. Zum Servieren lauwarm oder ausgekühlt mit Puderzucker bestäuben und mit der restlichen Orangenschale garnieren.

Für 4 Personen • 30 Min. Zubereitung • Pro Portion ca. 430 kcal, 8 g E, 17 g F, 61 g KH

VANILLE-CHEESECAKE-HERZEN

AUS NEW YORK

1 Vanilleschote
150 g Doppelrahm-Frischkäse
2 Eier (M)
50 g Sahne
50 g Zucker
50 g Mehl
1 EL Speisestärke
200 g Himbeer-Brotaufstrich (ohne Kerne)
Saft von 1 Zitrone
Butter für das Waffeleisen

1 Die Vanilleschote aufschlitzen und das Mark mit einem kleinen Messer herauskratzen. Das Vanillemark mit dem Frischkäse, den Eiern, der Sahne, dem Zucker, dem Mehl und der Speisestärke in eine Schüssel geben. Alles mit den Rührbesen des Handrührgeräts zu einem glatten Teig verrühren.

2 Ein Waffeleisen mit Butter einfetten und auf mittlerer Stufe erhitzen. Ein Viertel des Teiges in die Mitte des Waffeleisens geben und etwas verstreichen. Das Waffeleisen schließen und den Teig in ca. 2 ½ Min. zu einer goldbraunen Waffel backen.

3 Die fertige Waffel mit einer Zange oder Gabel aus dem Waffeleisen heben und auf ein Kuchengitter setzen. Aus dem restlichen Teig drei weitere Waffeln backen. Alle Waffeln auskühlen lassen. Die Waffeln in einzelne Herzen zerteilen. Den Himbeer-Brotaufstrich mit dem Zitronensaft verquirlen und zum Servieren über die Waffelherzen träufeln.

Für 3 Personen • 20 Min. Zubereitung •
Pro Portion ca. 485 kcal, 10 g E, 18 g F, 66 g KH

HAFERFLOCKEN-JOGHURT-WAFFELN

GLUTENFREI

40 g weiche Butter • 2 EL Zucker • 2 Eier (M) • 120 g Joghurt (3,5 %) • ¼ TL gemahlene Vanille • 85 g zarte Haferflocken • 150 g Orangenmarmelade • 60 ml Orangensaft (ersatzweise Apfelsaft oder Wasser) • evtl. Butter für das Waffeleisen

1 Butter und Zucker cremig schlagen. Eier, Joghurt, Vanille und Haferflocken unterrühren. Ein Waffeleisen eventuell fetten und auf mittlerer Stufe aufheizen. Ein Drittel des Teiges in die Mitte geben und etwas verstreichen. Das Waffeleisen schließen und den Teig in 3–4 Min. zu einer goldbraunen Waffel backen.

2 Die fertige Waffel aus dem Waffeleisen heben und auf ein Kuchengitter setzen. Aus dem restlichen Teig zwei weitere Waffeln backen. Die Orangenmarmelade und den Orangensaft unter Rühren einmal aufkochen lassen und über die Waffeln träufeln. Am besten sofort servieren.

Für 6 Personen • 30 Min. Zubereitung •
Pro Portion ca. 235 kcal, 8 g E, 11 g F, 25 g KH

CORNFLAKES-WAFFELN

ZUM FRÜHSTÜCK

4 Eier (M) • 150 g Schmand • 1 TL Zimtpulver • 80 g Mehl • 100 ml Milch (1,5 % Fett) • 100 g Cornflakes • Butter oder Öl für das Waffeleisen • Puderzucker zum Bestäuben

1 Die Eier cremig schlagen. Schmand und Zimtpulver unterrühren. Mehl und Milch dazugeben und ebenfalls unterrühren. Die Cornflakes ein wenig zerbröseln und unter den Teig rühren.

2 Ein Waffeleisen fetten und auf mittlerer Stufe aufheizen. 3–4 EL des Teiges in die Mitte des Waffeleisens geben und etwas verstreichen. Das Waffeleisen schließen und den Teig in 2–3 Min. zu einer goldbraunen Waffel backen.

3 Die fertige Waffel aus dem Waffeleisen heben und auf ein Kuchengitter setzen. Aus dem restlichen Teig fünf weitere Waffeln backen. Mit Puderzucker bestäuben und servieren.

Für 4 Personen • 20 Min. Zubereitung •
Pro Portion ca. 375 kcal, 7 g E, 19 g F, 42 g KH

SCHOKOLADEN-RUM-WAFFELN

MIT ALKOHOL

75 g weiche Butter • 1 Ei (M) • 4 EL Agavendicksaft • 1 Päckchen Vanillezucker • 125 ml Milch (1,5 % Fett) • 150 g Mehl • 1 TL Backpulver • 4 TL Kakaopulver • 4 cl brauner Rum • evtl. Butter für das Waffeleisen

1 Die Butter mit Ei, Agavendicksaft und Vanillezucker gut cremig schlagen. Milch, Mehl, Backpulver, 2 TL Kakaopulver und zuletzt den Rum unter den Teig rühren. Das Waffeleisen eventuell fetten und auf mittlerer Stufe aufheizen.

2 Ein Viertel des Teiges in die Mitte des Waffeleisens geben und etwas verstreichen. Das Waffeleisen schließen und den Teig in ca. 2 ½ Min. zu einer goldbraunen Waffel backen. Die fertige Waffel herausheben und auf ein Kuchengitter setzen. Aus dem restlichen Teig drei weitere Waffeln backen. Mit dem übrigen Kakaopulver dünn bestäuben und sofort servieren.

Für 4 Personen • 30 Min. Zubereitung •
Pro Portion ca. 380 kcal, 8 g E, 31 g F, 19 g KH

SÜSSKARTOFFEL-ZIMT-WAFFELN

VOLLWERT-REZEPT

250 g Süßkartoffeln • 2 Eier (M) • 5 EL Rapsöl • 50 g gemahlene Mandeln (ersatzweise Erdmandelmehl) • ½ TL Zimtpulver • 2 EL Ahornsirup • 100 g Sahne • Öl für das Waffeleisen • Ahornsirup zum Beträufeln

1 Die Süßkartoffeln schälen, fein raspeln und gut ausdrücken. In einer Schüssel mit den Eiern verrühren. Das Öl, die Mandeln, das Zimtpulver, den Ahornsirup und zuletzt die Sahne untermischen. Ein Waffeleisen fetten und auf mittlerer Stufe aufheizen.

2 Ein Viertel des Teiges in die Mitte des Waffeleisens geben und etwas verstreichen. Das Waffeleisen schließen und den Teig in ca. 3 Min. zu einer goldbraunen Waffel backen. Die fertige Waffel herausheben und auf ein Kuchengitter setzen. Aus dem restlichen Teig drei weitere Waffeln backen. Mit Ahornsirup beträufelt servieren.

Für 4 Personen • 30 Min. Zubereitung • Pro Portion ca. 575 kcal, 10 g E, 43 g F, 38 g KH

LEBKUCHEN-DATTEL-WAFFELN

FÜR GÄSTE

75 g weiche Butter
2 Eier (M)
2 EL Puderzucker
50 g getrocknete Datteln (ohne Kern)
2 EL gehackte Mandeln
90 g Mehl
2 TL Lebkuchengewürz
½ TL gemahlener Kardamom
1 TL Backpulver
200 g Sahne
evtl. Butter für das Waffeleisen
Puderzucker zum Bestäuben

DAZU PASST
Lecker dazu schmeckt eine Zimtcreme. Dafür 200 g Doppelrahm-Frischkäse mit etwas Milch cremig schlagen, mit 1 TL Zimtpulver aromatisieren und nach Geschmack mit 1–2 EL Puderzucker süßen.

1 Die Butter mit den Eiern und dem Zucker mit den Rührbesen des Handrührgeräts cremig schlagen. Die Datteln in sehr kleine Würfel schneiden, zusammen mit den Mandeln unter die Buttercreme rühren. Das Mehl mit dem Lebkuchengewürz, dem Kardamom und dem Backpulver mischen und zusammen mit der Sahne unter den Teig rühren.

2 Das Waffeleisen eventuell fetten und auf mittlerer Stufe aufheizen. Ein Viertel des Teiges in die Mitte des Waffeleisens geben und etwas verstreichen. Das Waffeleisen schließen und den Teig in ca. 2 ½ Min. zu einer goldbraunen Waffel backen.

3 Die fertige Waffel mit einer Zange oder Gabel aus dem Waffeleisen heben und auf ein Kuchengitter setzen. Aus dem restlichen Teig drei weitere Waffeln backen. Die Waffeln sofort mit Puderzucker bestäuben und servieren.

CRANBERRY-MUFFLES

AUS AMERIKA

50 g Butter
2 Eier (M)
200 ml Milch (1,5 % Fett)
40 g Puderzucker
½ TL Zimtpulver
140 g Mehl
1 geh. TL Backpulver
100 g getrocknete Cranberrys
evtl. Butter für das Waffeleisen
Puderzucker zum Bestäuben

GU CLOU

Für Muffles wird der Teig nach Muffinart zubereitet (erst die feuchten Zutaten mischen, dann die trockenen Zutaten vermengen und anschließend alles kurz verrühren) und im Waffeleisen gebacken. Damit sind die Rezeptideen für Muffles eigentlich unendlich, denn nahezu jeden Muffin-Teig können Sie auch im Waffeleisen backen.

1 Die Butter schmelzen und wieder etwas abkühlen lassen. Die flüssige Butter mit den Eiern und der Milch mit einem Rührbesen gründlich verrühren. Den Puderzucker, das Zimtpulver, das Mehl und das Backpulver mischen. Rasch mit der Eiermilch verrühren, bis die trockenen Zutaten auch feucht sind. Zuletzt die Cranberrys untermischen.

2 Ein Brüsseler Waffeleisen evtl. fetten und auf mittlerer bis hoher Stufe aufheizen. 3–4 EL des Teiges in die Mitte des Waffeleisens geben und etwas verstreichen. Das Waffeleisen schließen und den Teig in 3–4 Min. zu einer goldbraunen Waffel backen.

3 Die fertige Waffel mit einer Zange oder Gabel aus dem Waffeleisen heben und auf ein Kuchengitter setzen. Aus dem restlichen Teig fünf weitere Waffeln backen. Mit Puderzucker bestäuben und servieren.

Für 4 Personen • 30 Min. Zubereitung • Pro Portion ca. 390 kcal, 6 g E, 24 g F, 38 g KH

CHOCOLATE-CHIP-WAFFLES

FÜR KINDER

50 g weiche Butter
40 g Rohrohrzucker
1 Ei (M)
½ TL gemahlene Vanille
50 g Mehl
½ TL Backpulver
30 g zarte Haferflocken
100 g Sahne
40 g backfeste Schoko-Tröpfchen
evtl. Butter für das Waffeleisen
2 EL lösliches Trinkschokoladenpulver

1 Die Butter mit dem Zucker mit den Rührbesen des Handrührgeräts cremig schlagen. Das Ei und die gemahlene Vanille zugeben und gründlich unterschlagen. Das Mehl mit dem Backpulver und den Haferflocken mischen und zur Eiercreme geben. Die Sahne ebenfalls dazugeben und alles gut mit den Rührbesen verrühren. Die Schoko-Tröpfchen zugeben und kurz unter den Teig mischen.

2 Ein Waffeleisen eventuell fetten und auf maximal mittlerer Stufe aufheizen. Ein Viertel des Teiges in die Mitte des Waffeleisens geben und etwas verstreichen. Das Waffeleisen schließen und den Teig in ca. 2 Min. zu einer goldbraunen Waffel backen.

3 Die fertige Waffel mit einer Zange oder Gabel aus dem Waffeleisen heben und auf ein Kuchengitter setzen. Aus dem restlichen Teig drei weitere Waffeln backen. Die knusprigen Waffeln mit Trinkschokoladenpulver bestreut servieren.

Für 6 Personen • 20 Min. Zubereitung • Pro Portion ca. 375 kcal, 5 g E, 16 g F, 53 g KH

ZIMT-HAFER-WAFFELN

VEGAN

400 ml ungesüßter Haferdrink
3 EL Rohrohrzucker
2 EL Rapsöl
1 TL Zimtpulver
220 g Weizenmehl Type 1050
1 TL Weinsteinbackpulver
40 g zarte Haferflocken
evtl. Öl für das Waffeleisen
200 ml vegane Schlagcreme (gut gekühlt)
Zimtpulver und Zucker zum Bestreuen

1 Den Haferdrink mit 2 EL Rohrohrzucker und dem Rapsöl verquirlen. Das Zimtpulver mit dem Mehl, dem Backpulver und den Haferflocken mischen und mit den Rührbesen des Handrührgeräts unter den Haferdrink rühren.

2 Das Waffeleisen eventuell fetten und auf mittlerer Stufe aufheizen. 3–4 EL des Teiges in die Mitte des Waffeleisens geben und etwas verstreichen. Das Waffeleisen schließen und den Teig in ca. 2 Min. zu einer goldbraunen Waffel backen.

3 Die fertige Waffel mit einer Zange oder Gabel aus dem Waffeleisen heben und auf ein Kuchengitter setzen. Aus dem restlichen Teig fünf weitere Waffeln backen. Inzwischen die Schlagcreme bis zur gewünschten Festigkeit aufschlagen. Nach Belieben mit dem übrigen Rohrzucker süßen. Die Creme zu den Waffeln servieren und diese mit Zimt und Zucker bestreuen.

Für 6 Personen • 30 Min. Zubereitung + 1 Std. Ruhen • Pro Portion ca. 245 kcal, 7 g E, 12 g F, 27 g KH

DRESDNER WEIHNACHTSWAFFELN

FÜR GÄSTE

50 g Orangeat
200 ml Milch (1,5 % Fett)
1 Ei (M)
125 g Mehl
1 Päckchen Trockenhefe
30 g Puderzucker
1 TL Christstollen-Gewürz
40 g weiche Butter
40 g gehackte Mandeln
Butter für das Waffeleisen
Puderzucker zum Bestäuben

GUT ZU WISSEN
Christstollen-Gewürz gibt es fertig im Gewürzregal zu kaufen. Darin sorgen vor allem Ingwer, Kardamom, Koriander, Muskatblüte, Nelken, Zimt und Zitronenschale für viel weihnachtliches Aroma.

1 Das Orangeat fein würfeln oder hacken. Die Milch in einem kleinen Topf lauwarm erwärmen. Das Ei trennen. In einer Rührschüssel das Mehl mit der Hefe, dem Puderzucker und dem Christstollen-Gewürz mischen.

2 Die lauwarme Milch, die Butter und das Eigelb zum Mehl geben, mit den Rührbesen des Handrührgeräts zu einem glatten Teig verrühren. Die Mandeln und das Orangeat unterrühren und den Teig zugedeckt an einem warmen Ort ca. 1 Std. ruhen und aufgehen lassen.

3 Ein Brüsseler Waffeleisen fetten und auf mittlerer Stufe aufheizen. Den Teig noch einmal kurz durchrühren, dann das Eiweiß in einen Rührbecher geben, zu steifem Schnee schlagen und unterheben. 3–4 EL des Teiges in die Mitte des Waffeleisens geben und etwas verstreichen. Das Waffeleisen schließen und den Teig in 3–4 Min. zu einer goldbraunen Waffel backen.

4 Die fertige Waffel mit einer Zange oder Gabel aus dem Waffeleisen heben und auf ein Kuchengitter setzen. Aus dem restlichen Teig fünf weitere Waffeln backen. Zum Servieren mit Puderzucker bestäuben.

TOP GETOPPT

ORANGEN-HEFE-WAFFELN

WINTER-REZEPT

Für 8 Stück • 45 Min. Zubereitung + 1 Std. Ruhen • Pro Stück ca. 390 kcal, 10 g E, 23 g F, 35 g KH

FÜR DEN TEIG
2 Eier (M)
70 g weiche Butter
2 EL Rohrohrzucker
250 g Mehl
1 Päckchen Trockenhefe
175 ml Milch (1,5 % Fett)
1 kleine Bio-Orange

FÜR DAS TOPPING
50 g Mandelstifte
300 g Doppelrahm-Frischkäse
50 ml Milch (1,5 % Fett)
30 g Rohrohrzucker
3 Tropfen Bittermandelöl

AUSSERDEM
evtl. Butter für das Waffeleisen

GU CLOU

Hefeteig geht zwar in Wärme am besten auf, der Hefepilz wächst aber auch bei Kühlschranktemperaturen, nur viel langsamer! So kann man den Teig auch ganz entspannt über Nacht im Kühlschrank gehen lassen. Für den Teiganssatz braucht man dann in der Regel nur 5–10 g Hefe.

TEIG: Die Eier mit der Butter und dem Zucker mit den Rührbesen des Handrührgeräts cremig schlagen. Das Mehl mit der Hefe mischen und zur Eiercreme geben, die Milch angießen und alles zu einem glatten Teig verrühren (Bild 1). Die Orange heiß waschen und trocken reiben, die Schale fein abreiben, die Frucht halbieren und den Saft auspressen (Bild 2). Schale und Saft unter den Teig rühren und diesen zugedeckt an einem warmen Ort ca. 1 Std. ruhen und aufgehen lassen.

TOPPING: Inzwischen die Mandeln in einer beschichteten Pfanne ohne Fett unter Wenden goldbraun rösten, dann abkühlen lassen. Den Frischkäse mit der Milch, dem Zucker sowie dem Bittermandelöl verrühren (Bild 3).

BACKEN: Ein Brüsseler Waffeleisen eventuell fetten, dann auf mittlerer Stufe aufheizen. 3–4 EL des Hefeteiges in die Mitte des Waffeleisens geben und etwas verstreichen. Das Waffeleisen schließen und den Teig in 3-4 Min. zu einer goldbraunen Waffel backen (Bild 4).

FERTIGSTELLEN: Die fertige Waffel mit einer Zange oder Gabel aus dem Waffeleisen heben und auf ein Kuchengitter setzen. Aus dem restlichen Teig sieben weitere Waffeln backen (Bild 5). Die Waffeln mit dem Frischkäse servieren und mit den Mandeln toppen (Bild 6).

Für 20 Stück • 30 Min. Zubereitung • Pro Stück ca. 160 kcal, 3 g E, 9 g F, 17 g KH

BUNTE SCHOKOWAFFEL-LOLLIES

FÜR KINDER

75 g Vollmilchschokolade
75 g weiße Schokolade
75 g weiche Butter
75 g Puderzucker
2 Eier (M)
200 g Mehl
200 g Sahne
50 ml Mineralwasser mit Kohlensäure
evtl. Öl für das Waffeleisen
2 EL bunte Zuckerherzen oder -streusel
20 Schaschlikspieße

1 Die beiden Schokoladensorten getrennt hacken, in je eine kleine Schüssel oder Tasse geben und im warmen Wasserbad schmelzen. Inzwischen die Butter mit dem Puderzucker in eine Schüssel geben und mit den Rührbesen des Handrührgeräts cremig schlagen. Die Eier unterrühren, dann auch das Mehl, die Sahne und das Mineralwasser.

2 Ein Herz-Waffeleisen eventuell fetten, dann auf mittlerer Stufe aufheizen. Ein Viertel des Teiges in die Mitte des Waffeleisens geben und etwas verstreichen. Das Waffeleisen schließen und den Teig in ca. 3 Min. zu einer goldbraunen Waffel backen.

3 Die fertige Waffel mit einer Zange oder Gabel aus dem Waffeleisen heben und auf ein Kuchengitter setzen. Aus dem restlichen Teig drei weitere Waffeln backen. Zum Auskühlen nebeneinander auf das Gitter legen.

4 Die Waffeln in einzelne Herzen teilen und diese auf dem Kuchengitter ausbreiten. Die beiden Schokoladensorten mit einem kleinen Löffel in feinen Linien über die Herzen träufeln, sofort die Zuckerherzen bzw. -streusel aufstreuen und die Schokolade anschließend fest werden lassen. Zum Servieren die Holzspieße in die Waffelherzen stecken.

Für 6 Personen • 35 Min. Zubereitung • Pro Portion ca. 380 kcal, 6 g E, 21 g F, 42 g KH

BLACK & WHITE MIT KIRSCHEN

FÜR GÄSTE

FÜR DAS KIRSCHKOMPOTT

1 Glas entsteinte Sauerkirschen (720 g; 350 g Abtropfgewicht)
1 EL Speisestärke

FÜR DEN TEIG

30 g weiße Schokolade
60 g Zartbitterschokolade
60 g weiche Butter
50 g Puderzucker
2 Eier (M)
100 g Mehl
100 g Sahne
50 ml Mineralwasser mit Kohlensäure

AUSSERDEM

evtl. Butter für das Waffeleisen

KIRSCHKOMPOTT: Die Kirschen mit dem Saft in einen Topf geben. Etwa 2 EL vom Saft abnehmen und die Speisestärke damit in einer Tasse glattrühren. Die Kirschen mit dem Saft erhitzen, die angerührte Stärke dazugeben und alles unter Rühren einmal aufkochen lassen. Nach Belieben warm stellen oder abkühlen lassen.

TEIG: Beide Schokoladensorten getrennt hacken und separat schmelzen. Die Butter mit dem Puderzucker mit den Rührbesen des Handrührgeräts cremig schlagen, dann die Eier einzeln unterrühren. Das Mehl mit der Sahne unter die Eiercreme rühren und zuletzt das Mineralwasser unterziehen. Den Teig in 2 Portionen aufteilen, eine Portion mit weißer, die andere mit dunkler Schokolade verrühren.

BACKEN: Ein Waffeleisen eventuell fetten und auf maximal mittlerer Stufe aufheizen. Für jede Waffel etwas hellen und dunklen Teig bunt gemischt auf dem Eisen verteilen. Das Waffeleisen verschließen und den Teig in 2–3 Min. zu einer nur leicht gebräunten Waffel backen. Weder zu heiß noch zu lange backen, sonst werden die hellen Flächen zu dunkel und die Zweifarbigkeit verschwindet!

FERTIGSTELLEN: Die fertige Waffel mit einer Zange oder Gabel aus dem Waffeleisen heben und auf ein Kuchengitter setzen. Aus dem restlichen Teig weitere Waffeln backen. Zum Servieren die fertigen Waffeln mit etwas Kirschkompott garnieren, den Rest separat dazu reichen.

Für 4 Personen • 30 Min. Zubereitung + 20 Min. Ruhen • Pro Portion ca. 355 kcal, 6 g E, 14 g F, 49 g KH

REISWAFFELN MIT PFLAUMEN

GLUTENFREI

400 g Pflaumen
70 g Rohrohrzucker
Saft von 1 Zitrone
50 g weiche Butter
¼ TL gemahlene Vanille
2 Eier (M)
100 g Vollkorn-Reismehl
¼ TL Weinsteinbackpulver
100 ml Pflanzendrink (z. B. Reis oder Hafer)
evtl. Butter für das Waffeleisen
Puderzucker zum Bestäuben

1 Die Pflaumen waschen, entsteinen und in dünne Spalten schneiden. 2 EL Zucker in einem Topf goldbraun karamellisieren lassen. Mit Zitronensaft ablöschen, die Pflaumen dazugeben und 5 Min. bei schwacher Hitze dünsten. Die Butter mit 50 g Zucker und der Vanille cremig schlagen. Die Eier unterschlagen. Das Reismehl mit dem Backpulver mischen und mit dem Pflanzendrink unter die Buttermasse rühren. Den Teig zugedeckt 20 Minuten ruhen lassen.

2 Ein Waffeleisen eventuell fetten und auf mittlerer Stufe aufheizen. Ein Viertel des Teiges in die Mitte des Waffeleisens geben und etwas verstreichen. Das Waffeleisen schließen und den Teig in ca. 3 Min. zu einer goldbraunen Waffel backen. Die fertige Waffel mit einer Zange oder Gabel herausheben und auf ein Kuchengitter setzen. Aus dem restlichen Teig drei weitere Waffeln backen. Lauwarm oder ausgekühlt mit Puderzucker bestäuben und mit den Pflaumen servieren.

Für 6 Personen • 30 Min. Zubereitung • Pro Portion ca. 405 kcal, 5 g E, 25 g F, 36 g KH

EIERLIKÖR-WAFFELN MIT SAHNE

FÜR OSTERN

80 g weiche Butter
100 g Zucker
abgeriebene Schale von 1 großen Bio-Orange
100 g Eierlikör
2 Eier (M)
30 g Speisestärke
70 g Mehl
2 TL Backpulver
50 ml Mineralwasser mit Kohlensäure
200 g Sahne
evtl. Butter für das Waffeleisen

1 Die Butter mit 80 g Zucker und der Hälfte der Orangenschale cremig schlagen. Den Eierlikör und die Eier unterrühren. Die Speisestärke, das Mehl und das Backpulver mischen, mit dem Mineralwasser dazugeben und alles zu einem glatten Teig verrühren.

2 Ein Waffeleisen eventuell fetten, dann auf mittlerer Stufe aufheizen. 3–4 EL des Teiges in die Mitte des Waffeleisens geben und etwas verstreichen. Das Waffeleisen schließen und den Teig in 2–3 Min. zu einer hellbraunen Waffel backen. Die fertige Waffel mit einer Zange oder Gabel herausheben und auf ein Kuchengitter setzen. Aus dem restlichen Teig fünf weitere Waffeln backen.

3 Zum Servieren die Sahne steif schlagen, mit dem restlichen Zucker süßen und mit der übrigen Orangenschale aromatisieren. Zu den Waffeln servieren.

Für 8 Personen • 45 Min. Zubereitung • Pro Portion ca. 585 kcal, 7 g E, 44 g F, 39 g KH

WAFFELTORTE MIT MANGOCREME

FÜR GÄSTE

FÜR DEN TEIG
80 g weiche Butter
60 g Puderzucker
2 Eier (M)
150 g Mehl
2 TL Kakaopulver
200 g Sahne

FÜR DIE FÜLLUNG
1 Bio-Limette
250 g Mascarpone
2 EL Puderzucker
2 EL Kokosnusspulver
2 reife Mangos
200 g Sahne

AUSSERDEM
evtl. Butter für das Waffeleisen

TEIG: Die Butter mit dem Puderzucker mit den Rührbesen des Handrührgeräts cremig schlagen. Die Eier einzeln zugeben und unterrühren. Das Mehl mit dem Kakaopulver mischen, mit der Sahne zugeben und unterrühren.

BACKEN: Ein Herz-Waffeleisen eventuell fetten, dann auf mittlerer Stufe aufheizen. Ein Viertel des Teiges in die Mitte des Waffeleisens geben und etwas verstreichen. Das Waffeleisen schließen und den Teig in ca. 3 Min. zu einer goldbraunen Waffel backen. Die fertige Waffel aus dem Waffeleisen heben und auf ein Kuchengitter setzen. Aus dem restlichen Teig drei weitere Waffeln backen. Zum Auskühlen nebeneinander auf das Gitter legen.

FÜLLUNG: Die Limette heiß waschen, trocken reiben, die Schale fein abreiben, den Saft auspressen. Die Mascarpone mit Puderzucker, Limettensaft, drei Viertel -schale sowie Kokosnusspulver verrühren. Die Mangos schälen, einige dünne Scheiben abschneiden und beiseitelegen. Restliches Fruchtfleisch vom Kern schneiden, sehr klein würfeln, unter die Mascarpone ziehen. Die Sahne steif schlagen und unterheben.

FERTIGSTELLEN: Eine abgekühlte Waffel auf eine Platte setzen, mit einem Viertel der Mangocreme bestreichen, mit einer zweiten Waffel abdecken. Restliche Waffeln und Creme abwechselnd aufeinanderschichten, mit Creme abschließen, diese mit den Mangoscheiben garnieren und mit der restlichen Limettenschale bestreuen. Die Torte sofort servieren.

Für 12 Stück • 50 Min. Zubereitung • Pro Stück ca. 225 kcal, 4 g E, 11 g F, 25 g KH

IRISCHE CREMELIKÖR-WAFFELN

MIT ALKOHOL

FÜR DAS KOMPOTT
300 g TK-Heidelbeeren
1 große Birne
40 g brauner Zucker

FÜR DEN TEIG
2 Eier (M)
1 Prise Salz
200 ml Milch (1,5 % Fett)
100 ml Rapsöl
80 ml Cremelikör (z. B. Baileys)
60 g brauner Zucker
200 g Mehl
4 TL Backpulver

AUSSERDEM
evtl. Öl für das Waffeleisen

KOMPOTT: Die Heidelbeeren in einen Topf geben und bei schwacher Hitze langsam auftauen lassen. Inzwischen die Birne vierteln, schälen, entkernen und in schmale Spalten schneiden. Zu den Heidelbeeren geben, den Zucker hinzufügen und alles einmal aufkochen lassen. Das Kompott in eine Schüssel füllen und abkühlen lassen.

TEIG: Die Eier trennen. Die Eiweiße mit dem Salz in einem Rührbecher mit den Rührbesen des Handrührgeräts zu steifem Schnee schlagen. In einer zweiten Schüssel die Eigelbe mit der Milch, dem Öl, dem Likör und dem Zucker gründlich verrühren. Das Mehl mit dem Backpulver mischen und unter den Teig rühren. Den Eischnee unterheben.

BACKEN: Ein Brüsseler Waffeleisen eventuell fetten, dann auf hoher Stufe aufheizen. 3–4 EL des Teiges in die Mitte des Waffeleisens geben und etwas verstreichen. Das Waffeleisen schließen und den Teig in ca. 3 Min. zu einer goldbraunen Waffel backen.

FERTIGSTELLEN: Die fertige Waffel aus dem Waffeleisen heben und auf ein Kuchengitter setzen. Aus dem restlichen Teig elf weitere Waffeln backen. Lauwarm oder ausgekühlt mit dem Heidelbeerkompott anrichten.

BISKUITWAFFELN MIT JOGHURT

FÜR GÄSTE

Für 8 Stück • 1 Std. Zubereitung • Pro Stück ca. 245 kcal, 6 g E, 15 g F, 21 g KH

FÜR DEN JOGHURT

30 g Pinienkerne
1 kleine Bio-Zitrone
400 g griechischer Joghurt
2 EL flüssiger Honig

FÜR DEN TEIG

3 Eier (M)
1 Prise Salz
50 g Rohrohrzucker
½ TL Zimtpulver
150 g Sahne
70 g Mehl

AUSSERDEM

evtl. Öl für das Waffeleisen

GUT ZU WISSEN

Eischnee macht die Waffeln erst so wunderbar luftig! Damit er perfekt gelingt, ist ein sorgsames Trennen der Eier wichtig: Kein Eigelb darf ins Eiweiß gelangen, denn schon leichte Spuren von Fett – und Eigelb enthält davon eine ganze Menge – verhindern das Festwerden des Eischnees. Achten Sie auch darauf, dass die Rührschüssel und -besen des Handrührgeräts fettfrei sind.

JOGHURT: Die Pinienkerne in einer kleinen beschichteten Pfanne goldbraun rösten, abkühlen lassen und grob hacken. Die Zitrone heiß waschen, trocken reiben, die Schale fein abreiben und 2 EL Saft auspressen. Drei Viertel der Schale und den Saft mit dem Joghurt und dem Honig verrühren (Bild 1). Die Pinienkerne untermischen.

TEIG: Die Eier trennen. Die Eiweiße mit dem Salz in einem Rührbecher mit den Rührbesen des Handrührgeräts zu steifem Schnee schlagen (Bild 2). Anschließend die Eigelbe mit dem Zucker und dem Zimt in einer zweiten Schüssel sehr gut schaumig schlagen (Bild 3). Die Sahne unterrühren, den Eischnee auf die Eigelbcreme setzen, das Mehl darüber sieben und alles locker unterziehen (Bild 4).

BACKEN: Ein Brüsseler Waffeleisen eventuell fetten, dann auf mittlerer bis hoher Stufe aufheizen. 3–4 EL des Teiges in die Mitte des Waffeleisens geben und etwas verstreichen (Bild 5). Das Waffeleisen schließen und den Teig in 4–5 Min. zu einer goldbraunen Waffel backen.

FERTIGSTELLEN: Die fertige Waffel aus dem Waffeleisen heben und auf ein Kuchengitter setzen. Aus dem restlichen Teig sieben weitere Waffeln backen und zum Auskühlen nebeneinander auf das Gitter legen. Zum Servieren lauwarm oder ausgekühlt mit dem Zitronenjoghurt anrichten und mit der restlichen Zitronenschale bestreuen (Bild 6).

Für 6 Personen • 45 Min. Zubereitung • Pro Portion ca. 340 kcal, 13 g E, 17 g F, 32 g KH

QUARKWAFFELN MIT APFELQUARK

VOLLWERT-REZEPT

FÜR DEN APFELQUARK

1 kleine Bio-Zitrone
2 große säuerliche Äpfel (z. B. Cox Orange)
2 EL Rohrohrzucker
350 g Quark (40 % Fett)

FÜR DEN TEIG

2 Eier (M)
1 Prise Salz
4 EL Rohrohrzucker
40 g weiche Butter
150 g Quark (40 % Fett)
60 g Vollkorn-Weizenmehl
1 TL Backpulver

AUSSERDEM

evtl. Butter für das Waffeleisen
Apfelwürfel zum Garnieren

APFELQUARK: Die Zitrone heiß abwaschen und trocken reiben, die Schale fein abreiben und den Saft auspressen. Die Äpfel waschen, trocken reiben, vierteln und vom Kerngehäuse befreien. Die Viertel in sehr feine Würfel schneiden und in einer Schüssel sofort mit Zitronensaft und -schale sowie dem Rohrohrzucker verrühren. Den Quark dazugeben und alles gründlich vermischen.

TEIG: Die Eier trennen. Die Eiweiße und das Salz in einen Rührbecher geben und mit den Rührbesen des Handrührgeräts zu steifem Schnee schlagen. In einer zweiten Schüssel die Eigelbe mit dem Rohrohrzucker dick und weiß-schaumig schlagen. Zunächst die Butter unterschlagen, dann den Quark, das Mehl und das Backpulver unterrühren. Zuletzt den Eischnee unter den Teig heben.

BACKEN: Ein Brüsseler Waffeleisen eventuell fetten, dann auf mittlerer Stufe aufheizen. 3–4 EL des Teiges in die Mitte des Waffeleisens geben und etwas verstreichen. Das Waffeleisen schließen und den Teig in ca. 4 Min. zu einer goldbraunen Waffel backen.

FERTIGSTELLEN: Die fertige Waffel mit einer Zange oder Gabel aus dem Waffeleisen heben und auf ein Kuchengitter setzen. Aus dem restlichen Teig fünf weitere Waffeln backen. Zum Auskühlen nebeneinander auf das Gitter legen. Lauwarm oder ausgekühlt mit dem Apfelquark anrichten, mit Apfelwürfeln bestreuen und sofort servieren.

Für 4 Personen • 30 Min. Zubereitung • Pro Portion ca. 390 kcal, 9 g E, 24 g F, 33 g KH

BANANEN-GRIESS-WAFFELN

FÜR KINDER

FÜR DEN TEIG

60 g Dinkelmehl Type 1 050
60 g Vollkorn-Dinkelgrieß
1 Ei (M)
1 Eigelb (M)
50 g weiche Butter
125 ml Buttermilch
1 reife Banane

FÜR DIE SCHOKOCREME

50 g Vollmilch-Schokolade
100 g Schmand

AUSSERDEM

evtl. Butter für das Waffeleisen

TAUSCH-TIPP
Sie können auch Weizenmehl und Weizengrieß verwenden, nach Belieben in hellen oder vollwertigen Varianten.

TEIG: Das Dinkelmehl in einer Schüssel mit dem Vollkorn-Dinkelgrieß vermischen. Das Ei, das Eigelb, die Butter und die Buttermilch dazugeben und alles mit den Rührbesen des Handrührgeräts cremig schlagen. Die Banane schälen, klein schneiden und mit einer Gabel fein zerdrücken, zum Teig geben und gründlich unterrühren.

BACKEN: Ein Waffeleisen eventuell fetten, dann auf mittlerer Stufe aufheizen. Ein Viertel des Teiges in die Mitte des Waffeleisens geben und etwas verstreichen. Das Waffeleisen schließen und den Teig in 2–3 Min. zu einer goldbraunen Waffel backen. Die fertige Waffel mit einer Zange oder Gabel aus dem Waffeleisen heben und auf ein Kuchengitter setzen. Aus dem restlichen Teig drei weitere Waffeln backen. Zum Auskühlen nebeneinander auf das Gitter legen.

SCHOKOCREME: Die Schokolade hacken, 2 EL zum Garnieren beiseitestellen, den Rest in eine Schüssel geben und über einem warmen Wasserbad schmelzen lassen. Vom Wasserbad nehmen, den Schmand dazugeben und unterrühren, bis sich alles zu einer homogenen Creme verbunden hat. Die Waffeln mit der Creme toppen, mit der restlichen Schokolade bestreuen und sofort servieren.

PIKANTES

Für 8 Personen • 35 Min. Zubereitung + 1 Std. Ruhen • Pro Portion ca. 370 kcal, 9 g E, 26 g F, 25 g KH

TOMATEN-MOZZARELLA-WAFFELN

AUS ITALIEN

2 Eier (M)
100 ml Olivenöl
Salz, Pfeffer
250 g Mehl
1 Päckchen Trockenhefe
140 g getrocknete, in Marinade eingelegte Tomaten
125 g Mozzarella
½ Bund Basilikum
evtl. Öl für das Waffeleisen
8 TL Crema di Balsamico

GUT ZU WISSEN

Beim Backen dieser Waffeln dürfen Sie nicht zu ungeduldig sein. Der Käse muss erst zu einer Kruste werden, so zieht er keine Fäden mehr und die Waffel lässt sich leicht aus dem Eisen lösen. Aber Vorsicht: das Eisen nicht zu heiß aufheizen, denn dann verbrennt der Käse. Also am besten bei moderater Waffeleisentemperatur starten und dann – ommm!

1 Die Eier mit dem Öl, 1 ½ TL Salz und ½ TL Pfeffer gründlich verrühren. Das Mehl mit der Trockenhefe mischen und zur Eiercreme geben, 150 ml lauwarmes Wasser dazugießen und alles mit den Rührbesen des Handrührgeräts zu einem glatten Teig verrühren. Den Teig anschließend zugedeckt an einem warmen Ort ca. 1 Std. aufgehen lassen.

2 Die Tomaten abtropfen lassen, in kleine Würfel schneiden und unter den Teig rühren. Den Mozzarella abtropfen lassen und ebenfalls klein würfeln. Das Basilikum waschen, trocken schütteln und grob zerkleinern.

3 Ein Brüsseler Waffeleisen eventuell fetten, dann auf mittlerer Stufe aufheizen. 3–4 EL des Teiges in die Mitte des Waffeleisens geben, etwas verstreichen und offen leicht anbacken. Einige Mozzarellawürfel aufstreuen, das Waffeleisen schließen und den Teig in 3–4 Min. zu einer goldbraunen Waffel backen.

4 Die fertige Waffel mit einer Zange oder Gabel aus dem Waffeleisen heben, auf ein Gitter setzen. Aus dem restlichen Teig sieben weitere Waffeln backen und zum Auskühlen nebeneinander auf das Gitter legen. Zum Servieren mit Basilikum bestreuen und mit Crema di Balsamico beträufeln. Übrig gebliebene Waffeln lassen sich auch später noch perfekt im Toaster aufbacken.

Für 8 Personen • 35 Min. Zubereitung • Pro Portion ca. 460 kcal, 14 g E, 35 g F, 21 g KH

GRÜNKOHL-METTWURST-WAFFELN

WINTER-REZEPT

100 g weiche Butter
4 Eier (M)
250 g Buttermilch
200 g Mehl
200 g Kohlwurst (weiche Mettwurst)
125 g TK-Grünkohl (aufgetaut)
Salz, Pfeffer
evtl. Butter für das Waffeleisen
200 g Doppelrahm-Frischkäse
200 g saure Sahne
3 EL mittelscharfer Senf
2 TL getrockneter Majoran

1 Die Butter und die Eier mit den Rührbesen des Handrührgeräts gründlich verrühren. Die Buttermilch und das Mehl untermengen. Die Kohlwürste in kleine Würfel schneiden. Den Grünkohl gut ausdrücken und ggf. noch etwas kleiner hacken. Beides unter den Teig mischen und diesen mit Salz und Pfeffer abschmecken.

2 Ein Waffeleisen eventuell fetten, dann auf mittlerer Stufe aufheizen. 3–4 EL des Teiges in die Mitte des Waffeleisens geben und etwas verstreichen. Das Waffeleisen schließen und den Teig in 3–4 Min. zu einer goldbraunen Waffel backen.

3 Die fertige Waffel herausheben und auf ein Kuchengitter setzen. Aus dem restlichen Teig sieben weitere Waffeln backen. Zum Auskühlen nebeneinander legen, damit sie nicht weich werden. Den Frischkäse mit saurer Sahne, Senf und dem Majoran verrühren, mit Salz und Pfeffer abschmecken. Die Creme zu den Waffeln servieren.

Für 6 Personen • 1 Std. 10 Min. Zubereitung • Pro Portion ca. 290 kcal, 13 g E, 18 g F, 20 g KH

KARTOFFEL-KRÄUTER-WAFFELN

GLUTENFREI

500 g mehlig kochende Kartoffeln
1 kleine Süßkartoffel (150 g)
1 EL gemischte, gehackte TK-Kräuter
2 Eier (M)
5 EL Olivenöl
50 g magere Schinkenwürfel
Salz, Pfeffer
frisch geriebene Muskatnuss
Olivenöl für das Waffeleisen
250 g Quark (20 % Fett)
250 g Joghurt (10 % Fett)
50 g Tomatenketchup
evtl. gehackte Kräuter zum Bestreuen

1 Die Kartoffeln gründlich waschen, zugedeckt in wenig Wasser in ca. 20-25 Min. weich garen, anschließend pellen und durch die Kartoffelpresse drücken. Die Süßkartoffel schälen, grob raspeln und zum Kartoffelstampf geben. Kräuter, Eier, Olivenöl und Schinkenwürfel untermischen und mit Salz, Pfeffer und Muskat würzen.

2 Ein Waffeleisen gründlich fetten, dann auf mittlerer Stufe aufheizen. Ca. 3 gehäufte EL des Teiges in die Mitte des Waffeleisens geben und etwas verstreichen. Das Waffeleisen schließen und den Teig in 5–6 Min. zu einer goldbraunen Waffel backen.

3 Die fertige Waffel herausheben und auf ein Kuchengitter setzen. Aus dem restlichen Teig fünf weitere Waffeln backen. Inzwischen den Quark mit dem Joghurt und dem Tomatenketchup verrühren, mit Salz und Pfeffer abschmecken. Die Waffeln mit der Creme anrichten und mit Kräutern bestreuen.

Für 5 Personen • 45 Min. Zubereitung • Pro Portion ca. 310 kcal, 14 g E, 20 g F, 17 g KH

DILL-LACHS-SANDWICHES

FÜR GÄSTE

FÜR DEN TEIG
1 Bund Dill
60 g Olivenöl
2 Eier (M)
150 ml Milch (1,5 % Fett)
100 g Dinkelmehl Type 1050
Salz, Pfeffer

FÜR DIE CREME
1 kleine Bio-Zitrone
1 Schalotte
150 g Doppelrahm-Frischkäse
100 g Räucherlachs

AUSSERDEM
evtl. Öl für das Waffeleisen

TEIG: Den Dill waschen und trocken schütteln, die dicken Stiele entfernen. Einige Dillspitzen zum Garnieren beiseitelegen, den restlichen Dill hacken. Das Olivenöl mit den Eiern und der Milch verrühren. 1 EL gehackten Dill und das Mehl unterrühren, den Teig mit Salz und Pfeffer würzen.

CREME: Die Zitrone heiß waschen, trocken reiben, die Schale fein abreiben und 1 EL Saft auspressen. Die Schalotte schälen und in sehr feine Würfel schneiden. Den Frischkäse zusammen mit dem Räucherlachs mit einem Pürierstab möglichst fein pürieren. Zitronenschale und -saft sowie die Schalottenwürfel und den restlichen gehackten Dill unterrühren. Die Creme mit Salz und Pfeffer abschmecken.

BACKEN: Ein Herz-Waffeleisen eventuell fetten, dann auf mittlerer Stufe aufheizen. Ein Viertel des Teiges in die Mitte des Waffeleisens geben und etwas verstreichen. Das Waffeleisen schließen und den Teig in ca. 3 Min. zu einer goldbraunen Waffel backen. Die fertige Waffel mit einer Zange oder Gabel aus dem Waffeleisen heben und auf ein Kuchengitter setzen. Aus dem restlichen Teig drei weitere Waffeln backen. Zum Auskühlen nebeneinander auf das Gitter legen, damit die Waffeln nicht weich werden.

FERTIGSTELLEN: Die Waffeln in einzelne Herzen teilen. Je 2 Herzen mit etwas Lachscreme dazwischen zum Waffel-Sandwich zusammensetzen, nach Belieben mit etwas Creme toppen und mit Dillspitzen garnieren.

ERBSEN-KÄSE-WAFFELN

FÜR GÄSTE

200 g TK-Erbsen
1 milde rote Peperoni
150 g Mehl
25 g Buchweizenmehl
1 TL Backpulver
Salz, Pfeffer
1 TL Kräuter der Provence
2 Eier (M)
160 ml Milch (1,5 % Fett)
80 ml Rapsöl
100 g geriebener Bergkäse
evtl. Öl für das Waffeleisen

GETRÄNKE-TIPP
Die Waffeln schmecken besonders gut mit einem Glas kräftigem Weißwein, etwa einem Grauburgunder.

1 Die Erbsen in einen kleinen Topf geben, mit Wasser übergießen, aufkochen und ca. 3 Min. köcheln lassen. In ein Sieb abgießen, abschrecken und abtropfen und auskühlen lassen. Die Peperoni waschen, in ganz feine Ringe schneiden und dabei die Kerne und den Stielansatz entfernen.

2 In einer Schüssel das Mehl mit dem Buchweizenmehl, dem Backpulver, ca. 1 TL Salz, ½ TL Pfeffer und den Kräutern der Provence mischen. Die Eier, die Milch und das Rapsöl mit der Mehlmischung verrühren. Den Käse, die Erbsen und die Peperoniringe untermischen.

3 Ein Brüsseler Waffeleisen eventuell fetten, dann auf mittlerer Stufe aufheizen. Gut 2 EL des Teiges in die Mitte des Waffeleisens geben und etwas verstreichen. Das Waffeleisen schließen und den Teig in ca. 4 Min. zu einer goldbraunen Waffel backen.

4 Die fertige Waffel aus dem Waffeleisen heben und auf ein Kuchengitter setzen. Aus dem restlichen Teig sieben weitere Waffeln backen. Zum Auskühlen nebeneinander auf das Gitter legen. Ausgekühlt oder noch lauwarm servieren.

Für 4 Personen • 30 Min. Zubereitung • Pro Portion ca. 340 kcal, 10 g E, 11 g F, 50 g KH

FRÜHLINGSZWIEBEL-WAFFELN

VEGAN

2 EL geröstete Sesamsamen
4 EL Sojasauce
4 EL Zitronensaft
2 EL Sesamöl
4 Frühlingszwiebeln
250 g Mehl
2 TL Puderzucker
Salz, Pfeffer
Öl für das Waffeleisen

1 Die Sesamsamen mit Sojasauce, Zitronensaft, 1 EL Sesamöl und 3 EL Wasser verrühren. Die Frühlingszwiebeln putzen und waschen, weiße Teile quer in dünne Ringe schneiden und unter den Sesamdip rühren. Die grünen Frühlingszwiebel-Teile in 4 cm lange Stücke und diese längs in schmale Streifen schneiden. Das Mehl mit dem Puderzucker, 1 TL Salz und ½ TL Pfeffer mischen. Mit 1 EL Sesamöl und 360 ml lauwarmem Wasser zu einem glatten Teig verrühren.

2 Ein Waffeleisen fetten, dann auf mittlerer Stufe aufheizen. Ein Viertel des Frühlingszwiebelgrüns darauf verteilen und mit einem Viertel des Teiges bedecken. Das Waffeleisen schließen und den Teig in ca. 4 Min. zu einer hellbraunen Waffel backen. Die fertige Waffel herausheben und auf ein Kuchengitter setzen. Aus dem restlichen Teig drei weitere Waffeln backen. Nach Belieben mit etwas Sesamdip beträufeln, den Rest vom Dip separat dazu servieren.

Für 4 Personen • 30 Min. Zubereitung • Pro Portion ca. 345 kcal, 16 g E, 15 g F, 37 g KH

NUDEL-WAFFELN MIT PESTO

FÜR KINDER

125 g Bavette (ersatzweise Spaghetti)
Salz
2 Eier (M)
75 ml Milch (1,5 % Fett)
3 EL Mehl
Pfeffer
2 EL frisch geriebener Parmesan
evtl. Öl für das Waffeleisen
100 g kleine bunte Kirschtomaten
4 Zweige frisches Basilikum
125 g Pesto (Glas)

1 Die Bavette dreimal durchbrechen und in reichlich kochendem Salzwasser bissfest garen, abgießen, abschrecken und sehr gut abtropfen lassen. Die Eier mit Milch und Mehl zu einem glatten Teig verrühren, mit Salz und Pfeffer würzen. Den geriebenen Parmesan und die Nudeln untermischen.

2 Ein Waffeleisen eventuell fetten, dann auf mittlerer Stufe aufheizen. Ein Viertel der Nudelmischung darauf verteilen, das Waffeleisen schließen und den Teig in 3–4 Min. zu einer goldbraunen Waffel backen. Die fertige Waffel herausheben und auf ein Kuchengitter setzen. Aus dem restlichen Teig drei weitere Waffeln backen.

3 Inzwischen die Kirschtomaten waschen und halbieren. Das Basilikum waschen und trocken tupfen, die Blättchen grob hacken. Mit den Tomaten mischen, salzen und pfeffern. Das Pesto unter die Tomaten rühren und das Ganze auf den Waffeln verteilen.

Für 4 Personen • 30 Min. Zubereitung • Pro Portion ca. 470 kcal, 9 g E, 36 g F, 28 g KH

AVOCADO-WAFFELN MIT SALSA

SCHARF

2 Eier (M)
100 g griechischer Joghurt (10 % Fett)
8 EL Olivenöl
Salz, Pfeffer
½ TL getrocknete Chiliflocken
1 kleine reife Avocado
125 g Mehl
75 ml Orangensaft
evtl. Öl für das Waffeleisen
1 große Zwiebel
200 g bunte Kirschtomaten

1 Die Eier mit Joghurt, 5 EL Olivenöl, Salz, Pfeffer und Chiliflocken verrühren. Die Avocado halbieren, den Stein entfernen, das Fruchtfleisch aus den Schalen lösen, mit einer Gabel zerdrücken und gründlich unter die Eiercreme schlagen. Mehl und Orangensaft dazugeben und alles zu einem glatten Teig verrühren.

2 Ein Waffeleisen eventuell fetten, dann auf mittlerer Stufe aufheizen. Ein Viertel des Teiges in die Mitte des Waffeleisens geben und etwas verstreichen. Das Waffeleisen schließen und den Teig in ca. 3 Min. zu einer goldbraunen Waffel backen. Die fertige Waffel herausheben und auf ein Kuchengitter setzen. Aus dem restlichen Teig drei weitere Waffeln backen.

3 Die Zwiebel schälen und in sehr feine Würfel schneiden. Die Kirschtomaten waschen und vierteln. Beides mischen, mit dem übrigen Olivenöl, Salz und Pfeffer würzen und zu den Waffeln servieren.

Für 4 Personen • 30 Min. Zubereitung • Pro Portion ca. 355 kcal, 11 g E, 25 g F, 20 g KH

FONDUE-WAFFELN

WINTER-REZEPT

2 Eier (M)
Salz, Pfeffer
80 g weiche Butter
80 g Mehl
25 g Buchweizenmehl
1 TL Backpulver
80 ml Milch (1,5 % Fett)
40 ml Weißwein
50 g geriebener Emmentaler
evtl. Butter für das Waffeleisen

1 Die Eier trennen. Das Eiweiß mit 1 Prise Salz in einen Rührbecher geben, mit den Rührbesen des Handrührgeräts zu nicht ganz steifem Schaum aufschlagen und kalt stellen. Die Eigelbe mit je ½ TL Salz und Pfeffer sowie der Butter gut cremig schlagen. Das Mehl mit dem Buchweizenmehl und dem Backpulver mischen und unterrühren. Die Milch, den Weißwein und den Käse hinzufügen und unter den Teig rühren. Den Eischnee unterheben.

2 Ein Waffeleisen eventuell fetten, dann auf mittlerer Stufe aufheizen. Ein Viertel des Teiges in die Mitte des Waffeleisens geben und etwas verstreichen. Das Waffeleisen schließen und den Teig in 2–3 Min. zu einer goldbraunen Waffel backen. Die fertige Waffel herausheben und auf ein Kuchengitter setzen. Aus dem restlichen Teig drei weitere Waffeln backen. Nach Belieben lauwarm oder ausgekühlt servieren.

Für 6 Personen • 50 Min. Zubereitung • Pro Portion ca. 450 kcal, 12 g E, 31 g F, 30 g KH

ARABISCHE MÖHRENWAFFELN

VOLLWERT-REZEPT

FÜR DEN TEIG

300 g Möhren
4 Eier (M)
Salz, Pfeffer
2 TL Ras el Hanout
125 g Vollkorn-Dinkelmehl
6 EL Olivenöl
2 EL gehackte Mandeln

FÜR DEN DATTELJOGHURT

100 g getrocknete Datteln (entsteint)
3 zarte Frühlingszwiebeln
500 g Joghurt (10 % Fett)
4 EL Olivenöl
Salz, Pfeffer

AUSSERDEM

Olivenöl für das Waffeleisen

TEIG: Die Möhren putzen, schälen, fein raspeln und in eine Schüssel geben. Die Eier unterrühren und die Masse mit Salz, Pfeffer und Ras el Hanout würzen. Mehl, Olivenöl und gehackte Mandeln dazugeben und gründlich verrühren.

BACKEN: Ein Herz-Waffeleisen fetten, dann auf mittlerer Stufe aufheizen. Auf jedes Herz der Waffel etwa 1 EL Teig geben und etwas verstreichen. Das Waffeleisen schließen und den Teig in 4–5 Min. zu einer goldbraunen Waffel backen. Die fertige Waffel herausheben und auf ein Kuchengitter setzen. Aus dem restlichen Teig fünf weitere Waffeln backen. Zum Auskühlen nebeneinander auf das Gitter legen.

DATTELJOGHURT: Inzwischen die Datteln längs vierteln und die Streifen quer in feine Würfel schneiden. Die Frühlingszwiebeln putzen, waschen und ebenfalls in feine Würfel schneiden. Beides mit dem Joghurt und dem Olivenöl verrühren, mit Salz und Pfeffer pikant abschmecken. Den Dattel-Joghurt zu den Waffeln servieren.

REGISTER

M

O/P/Q

R/S

T/V/W/Z

Abkürzungsverzeichnis:
E = Eiweiß
EL = Esslöffel (gestrichen)
F = Fett
kcal = Kilokalorien
KH = Kohlenhydrate
Msp. = Messerspitze
Pck. = Päckchen
TK = Tiefkühl
TL = Teelöffel (gestrichen)
Ø = Durchmesser

Projektleitung: Sabine Sälzer
Lektorat: Bärbel Schermer
Korrektorat: Ulrike Wagner
Gesamtgestaltung: independent Medien-Design, München: Horst Moser (Artdirection), Lucie Heselich, Svenja Wamser
Herstellung: Anna Bäumner
Satz: Kösel, Krugzell
Reproduktion: Medienprinzen, München
Druck und Bindung: Firmengruppe APPL, aprinta druck, Wemding
Syndication: www.seasons.agency
Printed in Germany

1. Auflage 2018
ISBN 978-3-8338-6624-1

www.facebook.com/gu.verlag

GRÄFE UND UNZER
Ein Unternehmen der
GANSKE VERLAGSGRUPPE

DIE AUTORIN

Angelika Ilies ist seit vielen Jahren als freie Autorin und Food-Journalistin tätig und hat bei GU schon mehrere erfolgreiche Kochbücher geschrieben. Sie liebt die schnelle, unkomplizierte Küche und überrascht ihre Familie gern mit immer neuen Kreationen, bei denen sie oft Klassisches durch ungewöhnliche Zutaten und Aromen abwandelt.

DIE FOTOGRAFEN

Julia Schmidt und **Nikolas Hagele**, kurz genannt **JUNI**, rücken in ihrem Berliner Studio Food ins rechte Licht. Zusammen mit **Sandra Schumann** (Foodstyling) verwandelten sie ihr Fotostudio in eine Waffelwerkstatt vom Feinsten.
www.juni-fotografen.de

BILDNACHWEIS

JUNI: S. 6-59 und Stepfotos auf den Klappen
Silvio Knezevic: S. 1, 5 und Stilleben auf den Klappen
Autorenfoto: privat
Coverfoto: photisserie, Kathrin Koschitzki

Umwelthinweis:
Dieses Buch ist auf PEFC-zertifiziertem Papier aus nachhaltiger Waldwirtschaft gedruckt.

QUALITÄTS G|U GARANTIE

LIEBE LESERINNEN UND LESER,

wir wollen Ihnen mit diesem Buch Informationen und Anregungen geben, um Ihnen das Leben zu erleichtern oder Sie zu inspirieren, Neues auszuprobieren. Wir achten bei der Erstellung unserer Bücher auf Aktualität und stellen höchste Ansprüche an Inhalt und Gestaltung. Alle Anleitungen und Rezepte werden von unseren Autoren, jeweils Experten auf ihrem Gebiet, gewissenhaft erstellt und von unseren Redakteuren/innen mit größter Sorgfalt ausgewählt und geprüft.

Haben wir Ihre Erwartungen erfüllt? Sind Sie mit diesem Buch und seinen Inhalten zufrieden? Haben Sie weitere Fragen zu diesem Thema? Wir freuen uns auf Ihre Rückmeldung, auf Lob, Kritik und Anregungen, damit wir für Sie immer besser werden können. Und wir freuen uns, wenn Sie diesen Titel weiterempfehlen, in Ihrem Freundeskreis oder online.

Sollten wir Ihre Erwartungen so gar nicht erfüllt haben, tauschen wir Ihnen Ihr Buch jederzeit gegen ein gleichwertiges zum gleichen oder ähnlichen Thema um.

KONTAKT

GRÄFE UND UNZER VERLAG
Leserservice
Postfach 86 03 13
81630 München
E-Mail: leserservice@graefe-und-unzer.de

Telefon: 0 08 00 / 72 37 33 33*
Telefax: 0 08 00 / 50 12 05 44*
Mo - Do: 9.00 - 17.00 Uhr
Fr: 9.00 - 16.00 Uhr (*gebührenfrei in D,A,CH)

APPETIT AUF MEHR?

ISBN 978-3-8338-6625-8

ISBN 978-3-8338-6799-6

ISBN 978-3-8338-6626-5

ISBN 978-3-8338-6629-6

ISBN 978-3-8338-6630-2

ISBN 978-3-8338-6627-2

ISBN 978-3-8338-6628-9

ISBN 978-3-8338-6623-4

ISBN 978-3-8338-6619-7

ISBN 978-3-8338-6618-0

ISBN 978-3-8338-6616-6

ISBN 978-3-8338-6622-7

ISBN 978-3-8338-6614-2

ISBN 978-3-8338-6620-3

ISBN 978-3-8338-6617-3

ISBN 978-3-8338-6621-0

Alle hier vorgestellten Bücher sind auch als eBook erhältlich.

G|U

Mehr von GU auf **www.gu.de** und **facebook.com/gu.verlag**

DIE »GU-KOCHEN PLUS«-APP

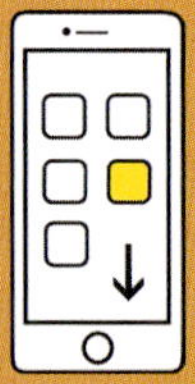

1 APP HERUNTERLADEN

Laden Sie die kostenlose »GU Kochen Plus«-App im Apple App Store oder im Google Play Store auf Ihr Smartphone. Starten Sie die App und wählen Sie Ihren Küchenratgeber aus.

2 REZEPTBILD SCANNEN

Scannen Sie das gewünschte Rezeptbild mit der Kamera Ihres Smartphones. Klicken Sie im Display die Funktion Ihrer Wahl.

3 FUNKTIONEN NUTZEN

Sammeln Sie Ihre Lieblingsrezepte. Speichern und verschicken Sie Ihre Einkaufslisten. Oder nutzen Sie den praktischen Supermarkt-Finder und den Rezept-Planer.